Inhalt

Branchenreport VERSICHERUNGEN Ausgabe 1/2011

Kernthesen

Beitrag

Zahlen und Fakten

Weiterführende Literatur

Impressum

Branchenreport VERSICHERUNGEN Ausgabe 1/2011

Thomas Trares

Kernthesen

- Die deutsche Versicherungswirtschaft ist 2010 nur dank hoher Einmalbeiträge gewachsen.
- Bei den Erstversicherern befindet sich die HanseMerkur auf Expansionskurs.
- Den Rückversicherern machen derzeit mehrere Großschadensfälle zu schaffen.
- Auch der europäischen Versicherungsbranche mangelt es derzeit an Perspektiven.
- Zudem müssen die Versicherer künftig ihren Kunden Unisex-Tarif anbieten.

Beitrag

Die Branchenkonjunktur

Die deutsche Versicherungswirtschaft hat 2010 ihre Beitragseinnahmen um 4,3 Prozent auf 178,8 Milliarden Euro gesteigert. Der Zuwachs war größtenteils auf Einmalbeiträge in der Lebensversicherung zurückzuführen. Ohne diese wäre die Branche nur um 0,5 Prozent gewachsen. Von den einzelnen Sparten konnte die Lebensversicherung die Beitragseinnahmen um sechs Prozent steigern, in der Kranken- und Pflegeversicherung waren es 5,8 Prozent und in der Schaden- und Unfallversicherung 0,7 Prozent. Für 2011 wollte die Branche keine Prognose abgeben. Ein Beitragsrückgang wird nicht ausgeschlossen. Der Grund: Bei den Einmalbeiträgen ist nicht mehr mit einem derart hohen Wachstum zu rechnen. (1), (2), [Abb. 1]

Aufgrund ihrer essenziellen volkswirtschaftlichen Funktion ist die Versicherungswirtschaft eine der bedeutendsten Branchen in Deutschland. Mit einem Anlagebestand von mehr als 1,2 Billionen Euro ist sie einer der wichtigsten Investoren in Deutschland, allein die Lebensversicherer haben zuletzt 727 Milliarden Euro in Kapitalanlagen investiert. Auch als

Arbeitgeber nimmt die Branche eine wichtige Stellung ein. Laut GDV sind in der deutschen Versicherungswirtschaft insgesamt rund 555 000 Mitarbeiter beschäftigt. Knapp 160 000 Personen sind im Innendienst tätig und rund 44 000 als Angestellte im Außendienst. Daneben gibt es rund 255 000 Versicherungsvermittler, die wiederum vielen Menschen Arbeit bieten.(24)

Die Erstversicherer

Die größten deutschen Erstversicherer sind die Allianz, die Ergo Gruppe, Generali Deutschland und Talanx. Der Marktführer Allianz, zugleich größter Versicherer Europas, hat 2010 den Umsatz um 9,3 Prozent auf 106,4 Milliarden Euro gesteigert. Das operative Ergebnis erhöhte sich um 17 Prozent auf 8,2 Milliarden Euro. Der Versicherer führt das starke Wachstum auf das global diversifizierte Portfolio zurück. In Deutschland hat die Allianz inzwischen nur noch etwa 25 Prozent ihrer Kunden. Sorgenkind im Konzern ist die deutsche Sachversicherung. Für das laufende Jahr sagt die Allianz ein stagnierendes Ergebnis voraus. (7), [Abb. 2]

Auch bei der Versicherungsgruppe Talanx hakt es. 2010 sank der Gewinn um ein Drittel auf eine Milliarde Euro. Im laufenden Jahr will der Versicherer massiv sparen, wohl auch um seinen seit Jahren angepeilten Börsengang voranzutreiben. Die Sanierung des Deutschlandgeschäfts ist aber auch deswegen nötig, weil der Industrieversicherer Gerling nach der Übernahme vor fünf Jahren nicht richtig in den Konzern integriert wurde. Die Bruttoprämieneinnahmen der Talanx-Gruppe stiegen 2010 um fast 10 Prozent auf 22,9 Milliarden Euro. Profitiert hat Talanx im vergangenen Jahr fast ausschließlich von den guten Zahlen der Hannover Rück, an der Talanx mit 50,1 Prozent beteiligt ist. Mittelfristig will sich Talanx von dieser Abhängigkeit lösen. (5)

Die Ergo Versicherungsgruppe hat 2010 erstmals innerhalb eines Kalenderjahres mehr als 20 Milliarden Euro an Prämien eingenommen. Den Gewinn hat die Erstversicherungstochter der Munich Re auf 355 Millionen Euro mehr als verdoppelt, vor allem dank eines besseren Anlageergebnisses. Negativ schlägt das Auslandsgeschäft mit einem Minus von 144 Millionen Euro zu Buche. Derzeit ist das Image des Konzerns aufgrund eines Sex-Skandals angekratzt. Die im vergangenen Jahr im Ergo-Konzern aufgegangene Hamburg-Mannheimer hatte für ihre besten 100 Vertreter 2007 eine Sex-Party in Budapest organisiert. (8), (9)

Dagegen ist Generali Deutschland gut ins neue Jahr gestartet, 2010 stiegen die Beitragseinnahmen um 9,6 Prozent auf 16,3 Milliarden Euro. Das Ergebnis lag in den ersten drei Monaten 2011 bei 130 Millionen Euro, nach 89 Millionen Euro im entsprechenden Vorjahreszeitraum. Ausschlaggebend dafür waren ein besseres Anlageergebnis sowie eine insgesamt gute Schadenentwicklung. (6)

Einer der am stärksten wachsenden deutschen Versicherer ist die HanseMerkur Gruppe. Die Beitragseinnahmen legten im ersten Quartal um 14,4 Prozent auf 293,3 Millionen Euro zu. Im Gesamtjahr erwartet der Versicherer ein Wachstum von über acht Prozent auf 1,2 Milliarden Euro. Wachstumstreiber ist die Krankenversicherung. (19)

Die wichtigsten öffentlichen Versicherer sind die Versicherungskammer Bayern, die Provinzial NordWest, die SV SparkassenVersicherung, die Provinzial Rheinland sowie die Versicherungsgruppe Hannover. Platzhirsch bei den Öffentlichen ist die Versicherungskammer Bayern mit einem Umsatz von 7,2 Milliarden Euro im vergangenen Jahr. Für 2011 erwartet der Versicherer allerdings erstmals seit 15 Jahren wieder sinkende Beitragseinnahmen. Der Grund: Das Geschäft mit den Einmalbeiträgen in der Lebensversicherung, das in der Branche umstritten ist, will man wieder herunterfahren. Wegen der niedrigen Zinsen bei den Banken bieten Finanzberater ihren Kunden die Lebensversicherung als kurzfristige Anlagemöglichkeit an. Der Versicherer geht dabei jedoch das Risiko ein, dass die neuen

Gelder schnell wieder abgezogen werden. Aus diesem Grund hat beispielsweise die Provinzial Nordwest ihr Einmalgeschäft gedeckelt. (10), (22)

Die zum Genossenschaftslager gehörende R+V-Versicherung, viertgrößter Versicherer in Deutschland, ist 2010 aufgrund stagnierender Prämien in der Lebensversicherung nur unterdurchschnittlich gewachsen. Die Beitragseinnahmen nahmen um 2,6 Prozent auf 9,7 Milliarden Euro zu. In das Jahr 2011 ist die R+V jedoch besser gekommen als die Branche. Die Beitragseinnahmen kletterten um 4,9 Prozent, während bei den Versicherern insgesamt ein leichter Rückgang zu verzeichnen war. Über ihre Rückversicherungssparte ist die R+V auch von dem Erdbeben in Japan betroffen. Der Schäden beträgt hier 60 Millionen bis 100 Millionen Euro. (11), (12)

Die Rückversicherer

Den Rückversicherern macht im laufenden Jahr vor allem die Häufung von Naturkatastrophen zu schaffen. Der Marktführer Munich Re hat deswegen im ersten Quartal 2011 einen operativen Verlust von 1,4 Milliarden Euro eingefahren, nach einem Gewinn von 770 Millionen Euro im Vorjahr. Dass die Hannover Rück das erste Quartal noch mit einem operativen Gewinn von 46,1 Millionen Euro abgeschlossen hat, ist letztlich nur Abwicklungsgewinnen und einer Steuerrückerstattung zu verdanken. Die Nettobelastung aus Großschäden lag mit 572 Millionen Euro auch bei ihr deutlich über dem Erwartungswert. Wegen der starken Zunahme von Naturkatastrophen werden die Rückversicherer künftig aber wieder höhere Preise durchsetzen können. (4)

Die europäischen Versicherer

Die europäischen Versicherer haben die Finanzkrise mehrheitlich gut verdaut. Allerdings mangelt es der Branche an Perspektiven. Ursache dafür sind das geringe Wachstum, die Unsicherheit über die Ausgestaltung von Solvency II, das niedrige Zinsniveau, die Schuldenkrise in Europa, die politischen Entwicklungen in Nahost und Nordafrika sowie die Folgen der Atomkatastrophe von Fukushima. All dies drückt auf die Stimmung. (13)

Aufbruchsstimmung macht sich da allenfalls bei der italienischen Generali breit. Monatelang hatten Konflikte in der Führungsetage Europas drittgrößten Versicherer belastet. Nun ist mit Gabriele Galateri di Genola ein neuer Präsident gefunden. Operativ stehen die Italiener recht gut da. Die Beitragseinnahmen nahmen 2010 um 3,8 Prozent auf

73,2 Milliarden Euro zu, der Nettogewinn stieg um 30 Prozent auf 1,7 Milliarden Euro. Dagegen muss der zweitgrößte italienische Versicherer Fonsai nach einem Rekordverlust von knapp 900 Millionen Euro im Jahr 2010 restrukturiert werden. (14), (18)

Der französische Versicherungskonzern Axa, die Nummer zwei in Europa, will sich künftig stärker in den Schwellenländermärkten engagieren und beim Geschäft in Europa und den USA selektiver vorgehen. Das vergangenen Jahr ist für die Franzosen nicht gut gelaufen. Probleme gab es insbesondere bei der US-Vermögensverwaltungstochter Alliance Bernstein; ein Rechenfehler hatte dort viel Geld gekostet. Zudem verkaufte Axa Teile des schlecht laufenden britischen Lebensversicherungsgeschäfts. Unterm Strich sank der Jahresgewinn 2010 um 26 Prozent auf 2,8 Milliarden Euro. (15)

Die Versicherer in den USA

Schwer getroffen von der Finanzkrise wurden vor allem die Versicherer in den USA. Dort musste die Regierung den Versicherungskonzern American International Group (AIG) stützen, um ein Kollaps des Finanzsystems zu verhindern. Nun hat die US-Regierung ein erstes Aktienpaket mit einem Gewinn verkauft, 5,8 Milliarden Euro flossen dabei in die Staatskassen. Insgesamt hatte die Regierung 47,5

Milliarden Dollar für die Beteiligung an AIG ausgegeben. Die Aussichten für die Branche insgesamt sind aber nach wie vor eingetrübt, insbesondere bei den Schadenversicherern. Zum Jahresbeginn gab es kaum Anzeichen für steigende Preise, hinzu kommen niedrige Kapitalerträge und geringe Reserven sowie die hohen Schäden, die die Wirbelstürme im Frühjahr in den USA hinterlassen haben. (16), (17)

Trends

Naturschadensfälle nehmen deutlich zu

Seit einigen Jahren fügen Wetterextreme wie Erdbeben, Überschwemmungen, Wirbelstürme und Tsunamis der Versicherungsbranche immer größere Schäden zu. Dieser Trend setzt sich auch in diesem Jahr fort. Neben dem verheerenden Erdbeben im Nordosten Japans gab es zudem noch großflächige Überschwemmungen in Australien, ein Erdbeben in Neuseeland und verheerende Wirbelstürme in den USA. Das Beben und der anschließende Tsunami in Japan war mit 64 Milliarden Dollar das bislang teuerste Großschadensereignis, das die Branche zu bewältigen hat. Bislang galt der Hurrikan "Katrina", der 2005 große Teile der US-Hafenstadt New Orleans überschwemmte, mit 62,2 Milliarden Dollar als größter Schadenfall. Betroffen von dieser Entwicklung sind vor allem die Rückversicherer, denen das Japan-Beben das erste Quartal verhagelt hat. (3), [Abb. 3]

EuGH verordnet Unisex-Tarife

Grundlegende Auswirkungen auf die Versicherungsbranche hat ein Urteil des Europäische Gerichtshofs (EuGH) vom 1. März dieses Jahres. Die Richter erklärten darin geschlechtsspezifische Tarife als unzulässige Diskriminierung. Bis zum Dezember kommenden Jahres müssen die europäischen Versicherer für Männer und Frauen gleiche Tarife auf den Markt bringen. Bislang galt folgende Praxis: Statistisch gesehen leben Frauen länger als Männer und nehmen daher die Renten- und der Krankenversicherung länger in Anspruch. Deswegen mussten Frauen bisher höhere Versicherungsbeiträge zahlen als Männer. Umgekehrt verursachen Männer mehr Unfälle, was ihnen höhere Policen in der Kfz-Versicherung beschert hat. Solche Kalkulationen sind künftig nicht mehr möglich. Die Branche prophezeit nun höhere Tarife, da zusätzliche Risikopuffer eingebaut werden müssten. Betroffen von dem Urteil sind vor allem die Kfz-Versicherung, die Lebens-, die Kranken- und die Rentenversicherung. (20)

Zahlen & Fakten

Abbildung 1: Beitragseinnahmen der Versicherungswirtschaft

Sparte in Milliarden Euro	2010	2009	2008
Lebensversicherung	90,4	85,2	79,6
Private Krankenversicherung	33,3	31,5	30,3
Schaden- und Unfallversicherung	55,1	54,7	54,6
Beitragseinnahmen gesamt	**178,8**	**171,4**	**164,5**

Quelle: Gesamtverband der deutschen Versicherungswirtschaft (GDV) Entnommen aus: Versicherungswirtschaft, 15.04.2011, 66.Jg., Nr. 08, S. 530 (1)

Abbildung 2: Die größten deutschen Versicherer 2009

Versicherer	Beitragseinnahmen 2009 in Milliarden Euro

Allianz*	97,4
Munich Re**	41,4
Talanx***	20,9
Generali Deutschland****	14,9
R+V Versicherung	10,5
AXA	10,3
Debeka	8,1
Versicherungskammer Bayern	6,4
Zurich Versicherung	6,1
Signal Iduna	5,3
HUK Coburg	4,9
Gothaer	4,2
Württembergische Krankenversicherung	3,8

* inkl. Allianz Deutschland 22,8 Milliarden Euro. ** inkl. Ergo-Versicherungsgruppe 17,8 Milliarden Euro und DKV 3,8 Milliarden Euro. *** inkl. Hannover Rück 10,3 Milliarden Euro, HDI Gerling Sachversicherung 5,8 Milliarden Euro und HDI-Lebensversicherung 1,9 Milliarden Euro. **** inkl. Aachen-Münchener Lebensversicherung 4,2 Milliarden Euro. Quelle: Gesamtverband der deutschen Versicherungswirtschaft (GDV), F.A.Z.-Archiv Entnommen aus: FAKT Markt- und Branchenstatistiken (23)

Abbildung 3: Die teuersten Naturkatastrophen für die

Versicherer

Schadensereignis	Land	Jahr	Versicherte Schäden in Milliarden Dollar
Erdbeben u. Tsunami	Japan	2011	64
Hurrikan Katrina	USA	2005	62,2
Hurrikan Ike	USA, Karibik	2008	18,5
Hurrikan Andrew	USA	1992	17
Erdbeben Northridge	USA	1994	15,3
Hurrikan Ivan	USA u.a.	2004	13,8
Hurrikan Wilma	USA u.a.	2005	12,5
Hurrikan Rita	USA	2005	12,5
Erdbeben	Neuseeland	2011	10
Erdbeben u. Tsunami	Chile	2010	8

Quelle: Munich Re, Lloyds Entnommen aus: Börsen-Zeitung, 31.03.2011, Nummer 63, Seite 1 (3)

Weiterführende Literatur

(1) Einmalbeiträge retten noch das Wachstum aus Versicherungswirtschaft, 15.04.2011, 66.Jg., Nr. 08, S. 530

(2) 2010: Deutsche Versicherer auf Wachstumskurs

Einmalbeträge schmieren das System
aus Die SparkassenZeitung, 21.04.2011, Nr. 16, S. 17

(3) Rekordschaden für Versicherungsbranche - Japan-Beben kostet bis zu 64 Mrd. Dollar Autoproduktion weltweit zunehmend behindert - Regierung: Situation in Fukushima außer Kontrolle
aus Börsen-Zeitung, 31.03.2011, Nummer 63, Seite 1

(4) Katastrophengeplagte Rückversicherer leiden und hoffen
aus VersicherungsJournal.de, Ausgabe vom 10.05.2011:

(5) Talanx-Hausputz geht weiter
aus VersicherungsJournal.de, Ausgabe vom 24.05.2011:

(6) Generali Deutschland kann Ergebnis deutlich verbessern
aus VersicherungsJournal.de, Ausgabe vom 24.05.2011:

(7) Allianz: Deutliches Plus beim Umsatz und beim operativen Ergebnis im Geschäftsjahr 2010 - Geschäftsschwerpunkte verändern sich hin zum Asset Management
aus Versicherungswirtschaft, 01.05.2011, 66.Jg., Nr. 09, S. 658

(8) Ergo - der große Imageschaden
aus Rheinische Post Nr. 121 vom 25.05.2011

(9) Schwaches Ausland bremst Ergo
aus Rheinische Post Nr. 75 vom 30.03.2011

(10) Versicherungskammer Bayern ortet Trendwende bei Sachpolicen Sanierungsphase bei Kfz- und Wohngebäuderisiken mit Preiserhöhungen - Weniger Einmalbeiträge führen zu Einnahmerückgang
aus Börsen-Zeitung, 04.05.2011, Nummer 85, Seite 4

(11) Der Klassenprimus spürt den Ernst des Lebens R+V Versicherung
aus Financial Times Deutschland vom 03.05.2011, Seite 3SA03

(12) R+V-Versicherung legt leicht zu
aus Frankfurter Allgemeine Zeitung, 13.04.2011, Nr. 87, S. 14

(13) Europas Versicherer sind unterbewertet
aus Versicherungswirtschaft, 15.02.2011, 66.Jg., Nr. 04, S. 221

(14) Großes Aufatmen bei Generali
aus Frankfurter Allgemeine Zeitung, 02.05.2011, Nr. 101, S. 15

(15) Axa will stärker in Wachstumsregionen investieren - Neue Strategie: Frankreichs größter Versicherungskonzern wird in Europa und den USA nur noch selektiv Neugeschäft zeichnen.
aus Frankfurter Allgemeine Zeitung, 02.05.2011, Nr. 101, S. 15

(16) Mühsamer Einstieg in Ausstieg aus AIG Verkauf von Staatsanteilen - Die Rettung des US-Versicherers

war hoch umstritten. Der Verkauf eines ersten Aktienpakets spült zwar Geld in die Staatskasse. Aber der Trennungsprozess zieht sich in die Länge.
aus FINANCIAL TIMES Deutschland

(17) International: Düstere Aussichten für Versicherer in den USA
aus Versicherungswirtschaft, 01.01.2011, 66.Jg., Nr. 01, S. 62

(18) Italiens Assekuranz kämpft mit starken Turbulenzen
aus Börsen-Zeitung, 30.03.2011, Nummer 62, Seite 8

(19) HanseMerkur will Einnahmen verdoppeln
aus Hamburger Abendblatt, 12.05.2011, Nr. 110, S. 27

(20) Der kleine Unterschied // Versicherer müssen in Zukunft Männer und Frauen gleich behandeln. Viele Policen werden dann teurer
aus Der Tagesspiegel Nr. 20984 VOM 23.05.2011 SEITE 020

(21) Der Versicherer Talanx will Arbeitsplätze streichen
aus Handelsblatt Nr. 100 vom 24.05.2011 Seite 34

(22) Kurzfristige Geldanlage Provinzial Nordwest wehrt sich gegen Spekulanten
aus HANDELSBLATT online 14.02.2011 16:06:40

(23) D: Versicherungswirtschaft 2007-2010
aus Frankfurter Allgemeine Zeitung, 31.12.2010, S. 18

(24) Gesamtmarkt
aus Frankfurter Allgemeine Zeitung, 31.12.2010, S. 18

Impressum

Branchenreport VERSICHERUNGEN Ausgabe 1/2011

Bibliografische Information der deutschen Nationalbibliothek

Die Deutsche Nationalbibliothek verzeichnet diese Publikation in der deutschen Nationalbibliografie; detaillierte bibliografische Daten sind im Internet über http://dnb.d-nb.de abrufbar.

ISBN: 978-3-7379-1953-1

© 2015 GBI-Genios Deutsche Wirtschaftsdatenbank GmbH, Freischützstraße 96, 81927 München, www.genios.de

Alle Rechte vorbehalten. Dieses Werk ist einschließlich aller seiner Teile – z.B. Texte, Tabellen und Grafiken - urheberrechtlich geschützt. Jede Verwertung außerhalb der Grenzen des Urheberrechtsgesetzes bedarf der vorherigen Zustimmung des Verlags. Dies gilt insbesondere auch für auszugsweise Nachdrucke, fotomechanische

Vervielfältigungen (Fotokopie/Mikroskopie), Übersetzungen, Auswertungen durch Datenbanken oder ähnliche Einrichtungen und die Einspeicherung und Verarbeitung in elektronischen Systemen.